VÍCTOR MANUEL FERNÁNDEZ

NOVENA PARA VIVER MELHOR

EDITORA
SANTUÁRIO

Tradução: Pe. Afonso Paschotte, C.Ss.R.
Copidesque: Elizabeth dos Santos Reis
Diagramação: Simone A. Ramos de Godoy
Projeto gráfico: Marco Antônio Santos Reis
Capa: Bruno Olivoto

Título original: *Novena para vivir mejor*
© Ediciones Dabar, S.A. de C.V., México, 2002
ISBN 970-652-271-9

ISBN 85-7200-936-1

1ª edição: 2004

5ª impressão

A marca FSC® é a garantia de que a madeira utilizada na fabricação do papel deste livro provém de florestas que foram gerenciadas de maneira ambientalmente correta, socialmente justa e economicamente viável.

Todos os direitos em língua portuguesa reservados à **EDITORA SANTUÁRIO** — 2017

 Rua Pe. Claro Monteiro, 342 – 12570-000 – Aparecida-SP
Tel: 12 3104-2000 – Televendas: 0800 - 16 00 04
www.editorasantuario.com.br
vendas@editorasantuario.com.br

Não queremos morrer e desejamos viver felizes por muitos anos. Acontece, no entanto, que às vezes apenas sobrevivemos, vivemos mal.

Deus nos oferece muitas possibilidades para viver com vontade, com intensidade. A vida tem muitas riquezas das quais não sabemos aproveitar totalmente.

Por isso, nesta novena, nós nos preocupamos em invocar a ajuda de Deus para que possamos viver melhor, com mais vontade, com mais entusiasmo e com menos sofrimentos; para aproveitar, assim, ao máximo, os anos que nos restam para viver.

Primeiro dia

Para sentir-se bem nas atividades

1. Sinal da Cruz

2. Invocação

Senhor, tu me deste a capacidade de realizar coisas. Peço-te que abençoes as atividades que todo dia realizo, que te faças presente em meio a meus trabalhos cotidianos.

3. Textos bíblicos

"Vejo que não há nada melhor para o homem do que desfrutar de suas obras, por ser essa sua sorte" *(Ecl 3,22)*.

"Cada um é competente em seu ofício... são eles que sustentam a criação deste mundo e sua oração está no exercício de sua arte" *(Eclo 38,31.34)*.

4. Meditação

Todos somos chamados ao trabalho. A atividade é uma necessidade dos seres humanos. Através dela fazemos algo útil, não só para ganhar dinheiro, mas também para nos realizarmos como pessoas. Por isso, quando tratamos de fazer bem nossas tarefas de cada dia e, principalmente, se colocamos amor naquilo que fazemos, essa atividade nos faz sentir úteis e nos dá satisfação. Assim, é bom colocar diariamente essa atividade nas mãos de Deus, oferecendo-a como um ato de amor e pedindo-lhe a graça de que necessitamos para desfrutar fazendo coisas.

5. Pai-Nosso e Ave-Maria

6. Oração final

Senhor, concede-me a alegria de realizar todas as minhas atividades com amor, para que até nas mais simples eu possa sentir-me vivo e descobrir tua presença. Amém.

Segundo dia

Para beneficiar-se do encontro com os outros

1. Sinal da Cruz

2. Invocação

Senhor, tu me deste um coração capaz de se abrir aos demais, olhos para vê-los, boca e ouvidos para comunicar-me com eles, mãos para saudá-los, pés para sair em busca deles. Por isso te peço que te faças presente em minha vida e me enchas de teu amor, para que possa sentir-me realizado nesta comunicação.

3. Texto bíblico

"Como é bom e agradável irmãos viverem unidos! É como óleo precioso sobre a cabeça, o qual escorre sobre a barba... É como o orvalho que do Hermon se difunde sobre os montes de Sião. É para ali que o Senhor envia a bênção: a vida para sempre" *(Sl 133)*.

4. Meditação

Todos os dias nós nos encontramos com outras pessoas. Nesses encontros, porém, podemos estar cheios de medo ou viver fugindo do diálogo e da verdadeira comunicação. Às vezes temos o coração cheio de feridas pelas desilusões ou pelas experiências más que tivemos, e isso não nos deixa desfrutar do encontro com os demais, nossos irmãos. Por isso precisamos suplicar ao Senhor que cure nosso coração ferido e nos conceda viver a alegria de ser irmãos de todos.

5. Pai-Nosso e Ave-Maria

6. Oração final

Senhor, toca meu coração, meus olhos, minha boca, minhas mãos e todo o meu ser, para que eu possa comunicar-me melhor com os outros e alegrar-me com eles, para que possa, assim, viver a alegria da fraternidade. Amém.

Terceiro dia

Para encontrar um sentido
em cada coisa

1. Sinal da Cruz

2. Invocação
Meu Deus, muitas vezes não entendo o sentido das coisas que me acontecem e não sei porque vivo. Por isso te peço que estejas presente em cada momento de minha existência e me ajudes a viver intensamente cada dia.

3. Texto bíblico
"Que teus olhos olhem sempre em frente e teu olhar dirija-se para diante! Aplaina a senda para teu pé e todos os teus caminhos serão firmes!" *(Pr 4,25-26)*.

4. Meditação
Quando não sabemos por que temos de sofrer algo ou por que nos toca passar por determinadas

experiências, na realidade o mais importante é descobrir o para quê. E podemos, então, encontrar um sentido até para os momentos mais difíceis, porque podemos unir dor às dores de Cristo na cruz, podemos oferecê-la por amor ou podemos oferecer um nosso sofrimento, pedindo a Deus que abençoe um ser querido. Para tudo podemos encontrar um sentido e assim vive-se a vida com mais profundidade, vive-se melhor. Não se trata apenas de sobreviver, mas de enfrentar cada dia com a luz da fé e do amor.

5. Pai-Nosso e Ave-Maria

6. Oração final

Espírito Santo, derrama tua luz em tudo o que me toca viver, em cada uma das experiências de minha vida, para que possa encontrar a importância de cada coisa e descobrir o sentido de tudo o que me acontece. Amém.

Quarto dia

Para ser mais generoso
e feliz, doando-me

1. Sinal da Cruz

2. Invocação

Senhor, sei que tudo o que me dás é para repartir. Queres que eu seja como um cântaro para saciar a sede dos demais e para fazê-los felizes. Mas não me é fácil repartir minhas coisas e dar meu tempo aos outros. Quando o faço, custa-me muito. Por isso, peço-te que abras meu coração egoísta para que possa ser feliz dando-me aos demais.

3. Texto bíblico

"Cada um dê, segundo se propôs seu coração, não dê de má vontade nem constrangido, pois Deus ama a quem dá com alegria" *(2Cor 9,7)*.

"Em tudo vos dei o exemplo, mostrando-vos como, por igual trabalho, é preciso socorrer os necessitados, recordando as palavras do Senhor Jesus, que disse: 'maior felicidade é dar do que receber'"*(At 20,35)*.

"Fazei-vos servos uns dos outros pela caridade... Carregai os fardos uns dos outros... Não nos cansemos de fazer o bem" *(Gl 5,13; 6,2.9).*

4. Meditação

Quando um coração está transformado pelo Espírito Santo, já não faz as coisas por obrigação ou porque Deus lhe ordena. Quando o Espírito tocou nosso coração, fazemos coisas boas e somos generosos porque não nos sai espontaneamente e sentimos prazer sendo generosos e dando felicidade aos outros, sem esperar recompensa. Por isso, quando descobrimos que nos falta essa alegria, temos de invocar o Espírito Santo e rogar-lhe que abra nosso coração egoísta.

5. Pai-Nosso e Ave-Maria

6. Oração final

Senhor, não me prives da alegria de ter um coração generoso, capaz de sentir que os outros o merecem todo e de sentir-se feliz com a felicidade alheia. Abre meu coração e não permitas que fique fechado em suas próprias preocupações. Amém.

Quinto dia

Para descobrir o que nos convém fazer em cada situação

1. Sinal da Cruz

2. Invocação

Senhor, vem reinar em minha mente, vence com tua luz minha obscuridade e ilumina com teu facho meu caminho, para que eu saiba descobrir cada dia o que mais convém fazer ou dizer. Mostra-me, Senhor, teu caminho.

3. Texto bíblico

"Orei e a prudência me foi dada: implorei e me veio o espírito de sabedoria... Que Deus me conceda falar conforme deseja e ter pensamentos dignos dos dons que recebi, pois é Ele o guia da Sabedoria e o que corrige os sábios" *(Sb 7,7.15).*

4. Meditação

Não é fácil saber o que seja melhor para cada momento, porque não há uma receita infalível ou uma forma que possamos aplicar em todos os casos. Não podemos dar o mesmo conselho a todas as pessoas. Nem todos precisam do mesmo cuidado. Às vezes é melhor calar-se. Outras vezes, ser franco e direto. Há ocasiões em que se deve confiar e, em outras, ser prudente. E muitas vezes não conseguimos descobrir o que é melhor. Por isso é bom parar e pedir luz, reservar-se um momento para apresentar nossas dúvidas ao Senhor e pedir-lhe que nos faça descobrir qual a melhor decisão. Hoje lhe pedimos que não nos deixe sozinhos, quando precisamos tomar decisões, que sempre nos ilumine e nos mostre o caminho.

5. Pai-Nosso e Ave-Maria

6. Oração final

Senhor, tu vês tudo. Conheces até o fundo de meu ser e ninguém sabe melhor do que tu o que me convém. Por isso te peço: não deixes de me ajudar quando tenho de decidir sobre coisas importantes. Não permitas que me engane, que me prejudique com minhas decisões nem que desvie do caminho justo. Amém.

Sexto dia

Para viver melhor o encontro permanente com Deus

1. Sinal da Cruz

2. Invocação

Senhor, tu me criaste para que encontre o verdadeiro amor, a paz, a alegria, mas tudo isso só se encontra em Ti. As coisas deste mundo nos dão alguma felicidade, mas sempre ficamos vazios. Por isso te peço: Senhor, para alcançar a verdadeira felicidade, dá-me a graça de abrir meu coração e de te amar com todo o meu ser.

3. Texto bíblico

"Tu és meu soberano. Fora de ti não há felicidade para mim... Tu, Senhor, porção de minha herança e de minha taça, tens na mão minha sorte. As cordas da medição me favoreceram no lote: minha herança realmente me agrada... Por isso se alegra meu coração e exulta minha alma. Até minha carne descansa, serena... Tu me ensinarás o caminho da vida. Em tua presença há plenitude de alegria, a tua direita delícias eternas" *(Sl 16,2.5-6.9.11).*

4. Meditação

Nossa fé pode fazer-nos muito felizes. O amor de Deus poderia encher-nos de alegria diariamente, mas as coisas deste mundo podem mais que nosso coração, porque resistimos a sua graça. Se aceitássemos sua oferta de amizade a cada dia, nossas jornadas seriam diferentes. Poderíamos descobri-lo em todas as coisas, nas pessoas, e também as coisas difíceis far-se-iam mais verdadeiras. Mas, sobretudo, se fizermos um caminho de crescimento espiritual, poderemos chegar a ter experiências sublimes do amor divino, que nem sequer imaginamos, até poder dizer com São Paulo: "Eu vivo, mas já não sou eu, é Cristo que vive em mim. Minha vida presente na carne, eu a vivo pela fé no Filho de Deus, que me amou e se entregou por mim" *(Gl 2,20).* Não tem sentido viver nossa fé sem esse gozo, essa ternura, esse entusiasmo que o Senhor nos oferece. Nossa vida teria outra qualidade e uma formosura muito maior, se pudéssemos viver em sua presença cada dia.

5. Pai-Nosso e Ave-Maria

6. Oração final

Senhor, dá-me a graça de reconhecer de verdade a beleza de teu amor. Enche meu coração do desejo de gozar de tua amizade, de teu carinho, de teu abraço de amor. Não permitas que as coisas do mundo me absorvam e toca-me com o fogo de tua ternura. Amém.

Sétimo dia

Para desenvolver meus carismas e capacidades

1. Sinal da Cruz

2. Invocação

Vem, Espírito Santo, tu que generosamente derramas dons e carismas. Toca as capacidades que tu mesmo me deste. Fecunda-as com tua graça, para que possa utilizar e desenvolver meus talentos em benefício dos outros.

3. Texto bíblico

"Há diversidade de dons, mas um mesmo é o Espírito. Há diversidade de ministérios, mas um mesmo é o Senhor... A cada um é dada a manifestação do Espírito em vista do bem comum... Todas essas coisas as realiza um e o mesmo Espírito, que distribui a cada um conforme quer" *(1Cor 12,4-5.7.11).*

4. Meditação

Ninguém pode dizer que não serve para nada, pois Deus não faz coisas inúteis. O Espírito Santo prima pela generosidade e derrama capacidades por toda parte. Pode ser que eu não tenha o dom de fazer milagres ou de me expressar bem. Posso, no entanto, ter outros dons: a capacidade de dar conselho, de consolar, de acompanhar, de apaziguar, de alegrar, de cozinhar, de escrever, de animar, de sorrir, de cantar... Todos temos capacidades que Deus nos deu para servir os demais e assim nos sentir úteis neste mundo. Ninguém pode viver bem e ser feliz, se sente que nada faz para os outros ou que não serve para nada. E a solução não é isolar-se deste mundo, mas pedir ao Senhor que nos faça ver quais são nossos carismas e procurar exercitá--los para o bem dos outros.

5. Pai-Nosso e Ave-Maria

6. Oração final

Espírito Santo, toma os carismas e capacidades que há em mim e que não descubro e não sei utilizar. Abençoa essas capacidades, enche-as de teu poder e ensina-me a utilizá-las para o bem dos demais. Dê-me a alegria de fazer o bem aos outros, de dar felicidade, alívio, de ajudar a viver. Amém.

Oitavo dia

Para curar as raízes de minhas enfermidades e fraquezas

1. Sinal da Cruz

2. Invocação

Senhor, tu sabes que nem sempre consigo viver bem, porque estou limitado por dentro, porque guardo lembranças, angústias, antigos temores que me tiram a alegria, o entusiasmo, a paz. Por isso te peço: entra em meu interior com tua força sanadora e livra-me dessas perturbações.

3. Texto bíblico

"Perdoa ao próximo a injustiça cometida. Então quando rezares, teus pecados serão perdoados. Se um homem guardar cólera contra outro, como poderá buscar cura no Senhor?" *(Eclo 28,2-3)*.

4. Meditação

Por vezes acontece que estamos desfrutando de um bom momento, mas em nosso interior desponta uma angústia que o obscurece, porque guardamos dentro do coração velhas feridas por coisas acontecidas, e essas feridas nos prejudicam, nos limitam, roubam-nos a paz, levam-nos ao engano, ao pecado e até podem provocar enfermidades. Por isso é bom apresentar tudo isso ao Senhor, para que nos cure. Porque Ele pode curar nossa vida interior. Normalmente essas raízes enfermas são antigas lembranças, desilusões, más experiências tidas em relação a outras pessoas e, por isso, a chave da libertação é o perdão. Temos de começar, então, pedindo o desejo de perdoar. Mas às vezes trata-se de uma falta de perdão a alguém que não aceita ter cometido certos erros e teme voltar a cometê-los ou a ser castigado por isso. Temos de entregar essas velhas angústias ao Senhor, para que Ele passe sua mão sanadora pelo coração e o liberte.

5. Pai-Nosso e Ave-Maria

6. Oração final

Senhor, toca meu coração ferido e dá-lhe a graça de perdoar. Cura-o com teu poder e liberta-o de todo rancor, dos medos, das angústias, das recordações tristes e vergonhosas e de qualquer amarra que o mantém escravizado. Manifesta tua glória dentro de mim e liberta-me. Senhor, confio em ti. Amém.

Nono dia

Para relativizar meu eu e aceitar que tudo se acaba

1. Sinal da Cruz

2. Invocação

Senhor, entra em meu pequeno coração para que eu possa reconhecer tua grandeza e não dê tanta importância a mim mesmo. Dá-me simplicidade para que reconheça que não sou e nem posso ser o centro do universo.

3. Textos bíblicos

"Nu saí do ventre de minha mãe e nu voltarei para lá. O Senhor deu, o Senhor tirou, bendito seja o nome do Senhor" *(Jó 1,21).*

"Senhor, meu coração não é pretensioso, nem meus olhos são altivos. Não aspiro a grandezas nem a proezas acima de meu alcance. Antes modero e tranquilizo minha alma; como a criança saciada no colo da mãe, assim tenho a alma dentro de mim como criança saciada" *(Sl 131,1-2).*

4. Meditação

Às vezes vivemos mal, porque damos muita importância a nosso próprio eu, e cremos que os outros e todo o universo devem estar a nosso serviço e girar a nosso redor. E como isso não é possível, vivemos tristes e amargurados. Por isso é bom lembrar que somos criaturas, que estamos apenas por algum tempo nesta terra e que o mundo não está a nosso serviço.

Se os outros não nos aplaudem, não nos servem, não nos dão tudo de que precisamos, é normal que seja assim e, no fundo, não nos interessa tanto. O melhor é viver com simplicidade, desfrutando das pequenas coisas, sem estar tão dependentes do que nos falta ou do que os outros não nos dão. Temos de exigir o que nos corresponde e defender nossos direitos, mas não estar sempre centrados em nossos direitos e exigindo coisas.

Não podemos viver pensando no que poderíamos ter e não o temos, ou agarrando-nos a coisas passageiras que cedo ou tarde vamos perder. Tudo passa, permanecendo só o amor. É melhor colocar nosso centro em Deus, porque é Ele que merece toda a adoração e não nosso pequeno eu.

Este humilde louvor a Deus é realmente libertador, porque é demasiadamente pesado viver como se fôssemos o centro de tudo o que existe.

5. Pai-Nosso e Ave-Maria

6. Oração final

Senhor, dá-me a graça de ser mais simples para viver com intensidade cada momento, sem estar tão dependente de mim mesmo. Concede-me um coração livre para que não esteja tão atento perante as doenças e perturbações que sinto e não me preocupem tanto minha imagem e pessoa. Amém.

Índice

Primeiro dia
Para sentir-se bem nas atividades 4

Segundo dia
Para beneficiar-se do encontro com os outros............6

Terceiro dia
Para encontrar um sentido em cada coisa...................8

Quarto dia
Para ser mais generoso e feliz, doando-me 10

Quinto dia
Para descobrir o que nos convém fazer....................12

Sexto dia
Para viver melhor o encontro
permanente com Deus..14

Sétimo dia
Para desenvolver meus carismas e capacidades..........17

Oitavo dia
Para curar as raízes de minhas
enfermidades 19

Nono dia
Para relativizar meu eu e
aceitar que tudo se acaba...21